BOEKANALYSE

AF142046

De Hobbit

• • • • • • • • • • • • • • • • • •

J. R. R. TOLKIEN

BOEKANALYSE

Geschreven door Célia Ramain
Vertaald door Nikki Claes

De Hobbit

J. R. R. TOLKIEN

J. R. R. TOLKIEN

ENGELSE SCHRIJVER

- **Geboren in Bloemfontein (Zuid-Afrika) in 1892.**
- **Overleden in Bournemouth (Verenigd Koninkrijk) in 1973.**
- **Opmerkelijke werken:**
    - *De Hobbit* (1937), kinderverhaal
    - *The Lord of the Rings* (1954-1956), fantasy-trilogie
    - *De Silmarillion* (1977), bloemlezing

J. R.R. Tolkien was een Engels schrijver en universiteitsprofessor. Hoewel hij vooral bekend is door zijn *The Lord of the Rings*-trilogie, was hij in feite de schepper van een heel fictief universum, dat hij gebruikte als decor voor gedichten (*De avonturen van Tom Bombadil*, 1962), sprookjes en legenden (*Onvoltooide verhalen van Númenor en Midden-aarde*, 1980). Gevoed door een enorme liefde voor taal, literatuur en mythologie bracht Tolkiens een heel universum voort, bevolkt met fantastische wezens, waarvan vele nu worden beschouwd als archetypen van de fantasy-fictie. Dit universum diende als decor voor zulke gedetailleerde verhalen dat Tolkien vaak de eer krijgt het genre van de moderne fantasy te hebben opgericht en geloofwaardig te hebben gemaakt.

DE HOBBIT

DE PREQUEL VAN *THE LORD OF THE RINGS...*

- **Genre:** fantasieroman

- **Referentie-uitgave:** Tolkien, J. R. R. (2011) *De Hobbit* Londen: HarperCollins.

- **1e editie:** 1937

- **Thema's:** magie, zoektochten, oorlog, verraad, allianties

De Hobbit was de eerste roman van J.R.R. Tolkien. Het verscheen in 1937 en werd het jaar daarop bekroond met de *New York Herald Tribune* prijs voor beste kinderroman.

Het verhaal volgt de avonturen van Bilbo, een hobbit wiens vredige leventje in chaos wordt veranderd wanneer de tovenaar Gandalf hem meeneemt op een gevaarlijke zoektocht. Samen met 13 dwergen moet hij allerlei tegenslagen en beproevingen overwinnen om de Eenzame Berg te bereiken, waar een onbetaalbare schat wordt bewaakt door de draak Smaug. Bilbo kan de tocht alleen volbrengen en naar huis terugkeren dankzij zijn eigen verstand en de krachten van een mysterieuze magische ring – dezelfde ring waar de plot van *The Lord of the Rings om* draait.

SAMENVATTING

DE DRAAK SMAUG

Een paar honderd jaar voordat Bilbo op avontuur gaat, woont de draak Smaug in de Grijze Bergen. Op een dag verneemt hij van de schatten die de dwergen hebben opgepot in de Eenzame Berg. Gedreven door hebzucht valt hij de omliggende steden aan, waarbij hij veel dwergen doodt en de overlevenden in ballingschap dwingt. Vervolgens claimt hij de Eenzame Berg als zijn eigendom en brengt er de volgende tweehonderd jaar door, wakend over zijn kostbare schat. Maar uiteindelijk wordt hij verdreven en gedood door een hobbit en een bende dwergen die vastbesloten zijn hun schat terug te winnen.

EEN ONVERWACHTE REIS

Bilbo Balings is een hobbit van middelbare leeftijd – 50 jaar, om precies te zijn – met een rustig temperament. Zijn ouders komen uit twee zeer verschillende families: de Balings, die uitzonderlijk standvastig zijn en een hekel hebben aan verrassingen; en de Tooks, die een zeer avontuurlijke geest hebben. Hij leidt een rustig leven tot de dag dat de tovenaar Gandalf, beroemd om zijn vele verbazingwekkende prestaties, hem overhaalt om op avontuur te gaan, vergezeld van 13 dwergen: Fili, Kili, Dwalin, Balin, Nori, Dori, Ori, Oin, Gloin, Bifur, Bofur, Bombur, en hun leider, Thorin Oakenshield. Deze bonte bemanning heeft een eenvoudig doel: het terugvinden van de onbetaalbare rijkdommen die door de draak Smaug worden bewaakt in de Eenzame Berg – de rechtmatige erfenis van Thorin Oakenshield. Ze geloven dat ze dit doel kunnen bereiken omdat Thorin een sleutel heeft die hen toegang geeft tot een geheime doorgang, en een mysterieuze kaart die ontcijferd kan worden door de elf Lord Elrond. Het gezelschap heeft echter nog steeds een ervaren inbreker nodig om de schat onder de neus van het monster vandaan te stelen – een rol die Bilbo op advies van Gandalf vervult, ondanks het uitgesproken verzet tegen dit plan van de hobbit zelf. Zoals blijkt, heeft Bilbo het voordeel dat hij zich kan verplaatsen zonder geluid te maken.

Nu het gezelschap is samengesteld, kunnen ze op avontuur gaan. Onderweg komen ze al snel in de problemen: verdwaald in een bos en aangetrokken door een mysterieus licht dat midden in de nacht schijnt, worden Bilbo en de dwergen gevangen genomen door drie trollen die van plan zijn hen boven hun kampvuur te roosteren en op te eten. Ze worden echter gered door Gandalf, die de trollen voor de gek houdt totdat de zon opkomt en hen in steen verandert. Daarna worden ze gedwongen om in een grot te schuilen wanneer stenen reuzen stenen naar hen beginnen te gooien, om vervolgens in hun slaap door kobolden te worden ontvoerd naar hun ondergrondse hol. Alleen Gandalf is in staat om te ontsnappen aan gevangenneming. De kobolden brengen het gezelschap voor hun koning, die de gevangenen ter dood veroordeelt, maar een spreuk van Gandalf veroorzaakt plotselinge verwarring, waardoor Thorin en zijn vrienden kunnen ontsnappen. Tijdens hun vlucht struikelt Bilbo echter en valt in een afgrond.

GOLLEM EN ZIJN KOSTBARE RING

Verloren in de labyrintische tunnels van het hol van de kobolden, stuit de hobbit op een gouden ring. Zich niet bewust van de werkelijke waarde, neemt hij hem in beslag. Kort daarna ontmoet hij Gollem, een sinister wezen dat aanbiedt hem uit de grotten te leiden, maar alleen als hij een raadselspel wint – en als Bilbo verliest, wordt hij opgegeten. De hobbit wint, maar Gollem weigert zijn belofte te houden. Als hij op Bilbo afkomt en hem wil opeten, struikelt Bilbo en de ring glijdt toevallig om zijn vinger, waardoor de hobbit onzichtbaar wordt. Bilbo maakt gebruik van deze nieuwe mogelijkheid en volgt Gollem naar de oppervlakte, waar hij wordt herenigd met de rest van het gezelschap – hoewel zijn geluk voor hen geheim houdt.

Geholpen door wolven blijven de kobolden de groep achtervolgen, en drijven hen uiteindelijk in het nauw boven op een rots, waar ze gedwongen worden in de bomen te klimmen om te ontsnappen. Ze worden op het allerlaatste moment gered door adelaars, en naar hun oogkamers gebracht. Gandalf brengt hen vervolgens naar Beorn, een kluizenaar die in een beer kan veranderen. Beorn waarschuwt de dwergen voor de gevaren van het woud van Mirkwood, waar ze doorheen moeten om de Eenzame Berg te bereiken. Wanneer zij de rand van het woud bereiken, neemt Gandalf afscheid van hen met de mededeling dat hij elders dringende zaken te doen heeft. Het gezelschap zet zijn tocht met een veel slechter humeur voort, en onmiddellijk overkomen hen verschillende ongelukken: eerst worden ze gevangen genomen door vraatzuchtige reuzenspinnen, en vervolgens door de woudelven, wier feesten herhaaldelijk door de dwergen werden verstoord. Maar Thorin en zijn volgelingen worden uiteindelijk van hun ongeluk gered door Bilbo's vindingrijkheid en de krachten van zijn magische ring.

DE EENZAME BERG

Na het overwinnen van al deze obstakels bereikt de groep eindelijk de Eenzame Berg. Met behulp van de kaart en de sleutel van hun leider, slagen de dwergen erin de berg binnen te komen via een verborgen deur. Hierdoor hoeven ze de confrontatie met Smaug niet rechtstreeks aan te gaan, en Bilbo wordt vooruit gestuurd als verkenner om vast te stellen of de draak nog leeft. Met behulp van zijn magische ring weet de hobbit een klein deel van de schat te stelen, terwijl hij een gesprek voert met Smaug, die zo trots is dat hij zelfs pronkt met zijn edelstenen harnas, dat een zwakke plek heeft. Nadat de inbreker is vertrokken, beseft Smaug dat hij is bestolen en besluit hij wraak nemen op de inwoners van Meerstad, die hij verantwoordelijk houdt. Hij wordt uiteindelijk verslagen door de boogschutter Bard, die door een lijster op de hoogte is gebracht van de zwakke plek van het monster.

De dwergen maken van het vertrek van de draak gebruik om de berg te versterken, en vergapen zich aan de schatten die in het hol van de draak verborgen liggen. Thorin kan echter de kostbaarste schat van allemaal niet vinden: de Arkensteen, een onbetaalbare steen die schittert als een ster. Hij heeft geen idee dat Bilbo de steen heeft. Hij heeft hem opgeraapt en in zijn zak gestopt, zich niet bewust van de waarde of het belang ervan.

Bard besluit compensatie te eisen van de dwergen voor de vernietiging van zijn stad en voor buitengewone prestatie om de draak te doden. Hoewel Bard naar de bijeenkomst wordt vergezeld door de elfenkoning zelf, weigert Thorin zijn verzoek botweg. Bilbo sluipt dan uit de berg en geeft Bard de Arkensteen, in de hoop dat dit de dwerg zal dwingen te betalen wat hem verschuldigd is en de patstelling zal doorbreken. Thorin is echter onbewogen en verbant Bilbo wegens verraad. Vervolgens stuurt hij een boodschap naar zijn neef Dain, waarin hij hem vraagt zijn leger te brengen om de positie van de dwergen te helpen consolideren. Terwijl het geschil tussen de drie partijen uitmondt in een hevige strijd, verschijnt Gandalf en waarschuwt hen dat een contingent kobolden en wolven zich voorbereidt op een verrassingsaanval. De dwergen, elfen en mensen worden dan gedwongen zich te verenigen om de indringers af te slaan in wat later bekend wordt als de Slag der Vijf Legers. Thorin wordt tijdens deze strijd gedood, maar niet voordat hij spijt betuigt over zijn daden tegenover Bilbo. De hobbit wordt goed betaald voor zijn diensten en keert terug naar huis, waar hij eindelijk kan genieten van zijn welverdiende rust.

KARAKTERSTUDIE

BILBO BALINGS

Bilbo Balings is de hoofdpersoon van *De Hobbit*. Hoewel zijn vader een Balings was, een bekende familie waarvan de leden "nooit beleefden of iets onverwachts deden" (blz. 3), was zijn moeder een Took, en "af en toe gingen leden van de Took-clan op avontuur" (blz. 4). Gedurende het hele verhaal wordt de held verscheurd tussen deze twee tegengestelde kanten van zijn persoonlijkheid, waarbij de dominante eigenschap op een bepaald moment grotendeels afhangt van het soort problemen waarmee hij te maken heeft. Totdat Gandalf hen achterlaat aan de rand van het woud van Mirkwood, is het zijn Balingskant die over het algemeen op de voorgrond blijft. Betrokken bij een zoektocht die hij niet wilde ondernemen, brengt Bilbo zijn tijd door met klagen over de ontberingen van de reis en dromen over heerlijke ontbijten. Hij is niet echt betrokken bij hun zoektocht, en zijn rol daarin lijkt ver weg en vaag, dus verdraagt hij gewoon de tegenslagen die hem overkomen (de trollen, gevangen worden genomen door de kobolden, enz.) en vertrouwt hij, net als de dwergen, op Gandalf om hem uit het gevaar te redden.

Het winnen van het raadselspel tegen Gollem en het vinden van de magische ring zijn keerpunten voor hem, en zorgen ervoor dat hij zich geleidelijk aan bewust wordt van zijn eigen capaciteiten en wat harder wordt, zoals blijkt uit het groeiende respect dat Thorin en zijn gezelschap voor hem hebben.

Als Bilbo's Took-kant naar voren komt, kan hij de rol van helper op zich nemen die voorheen door de tovenaar werd gespeeld, wat betekent dat hij in staat is de reuzenspinnen te verjagen en vervolgens de dwergen uit de kerkers van de elfen te redden door hun ontsnapping te plannen. Zijn zwaard de naam "Sting" geven na zijn eerste solo-avontuur is een symbool van die verandering: wanneer de held zijn anonieme zwaard neemt en het een naam geeft die een ring van moed heeft, weerspiegelt dit hoe hij zijn angsten heeft afgeworpen om "een ander persoon, en veel feller en moediger" te onthullen (p. 144).

Aan het einde van het verhaal slaagt Bilbo er eindelijk in een evenwicht te vinden tussen de twee kanten van zijn persoonlijkheid. De positie die hij inneemt tijdens de Slag der Vijf Legers is een perfecte illustratie van zijn nieuwe evenwichtige zienswijze, omdat hij zich op de enige plek bevindt van waaruit het mogelijk is zich terug te trekken (wat zijn Balingskant symboliseert), maar wat ook de plek is waar ze hun laatste stand zullen maken als ze verslagen worden (wat zijn Toek-kant symboliseert). Deze nieuwe houding brengt Gandalf ertoe op te merken dat de hobbit niet meer dezelfde is als vroeger – tegen de tijd dat hij terugkeert naar het vredige leven waaruit hij aan het begin van de roman plotseling werd weggerukt, is hij enorm gerijpt en een veel moediger personage geworden.

THORIN EIKENSCHILD

Thorin is de directe afstammeling van de dwergenkoningen die heersten over de Eenzame Berg. Als zodanig had hij de troon moeten bestijgen na de dood van zijn voorouders, maar hij kon dat niet door de aanval van Smaug. Ondanks dat hij vele jaren in ballingschap heeft geleefd, is hij niet van plan het koninkrijk en de rijkdommen van zijn voorouders aan de draak over te geven, en gelooft dat hij op een dag zijn rechtmatige erfenis terug zal zien. Met dit doel voor ogen organiseert hij de zoektocht waaraan Gandalf en Bilbo deelnemen. Thorin is zich zeer bewust van zijn eigen belang, en blijkt een uiterst trotse, hooghartige dwerg te zijn, die een voortdurende minachting uitstraalt die, vaker wel dan niet, op Bilbo is gericht. Hij laat geen kans onbenut om de capaciteiten van zijn inbreker in twijfel te trekken of te doen alsof zijn aanwezigheid een last is. Zijn uithalen worden echter veel minder frequent nadat Bilbo het gezelschap heeft gered, ook al verdwijnen ze nooit helemaal (hij klaagt bijvoorbeeld over reisomstandigheden tijdens hun ontsnapping in de vaten, en verzuimt de hobbit te bedanken voor hun bevrijding). Zijn scherpe tong en zijn enorme ego worden aangevuld met de neiging om alleen op zijn eigen cohort te vertrouwen om zijn doelen te bereiken, terwijl hij relatief passief blijft in vergelijking met de inspanningen van Gandalf en Bilbo.

Ondankbaarheid, hebzucht en egoïsme zijn andere eigenschappen die aan dit onflatteuze portret kunnen worden toegevoegd, want hij weigert Bard en de elfenkoning te compenseren voor hun hulp in de strijd tegen Smaug. Hij stuurt zelfs zijn inbreker weg als hij hoort dat Bilbo de Arkensteen in handen van de vijand heeft gesmokkeld, nooit begrijpend dat de situatie vooral door hemzelf is veroorzaakt. De Slag der Vijf Legers geeft hem echter een kans om zichzelf te verlossen wanneer hij een beslissende aanval leidt tegen de kobolden en de wolven. Hij raakt dodelijk gewond en toont uiteindelijk vlak voor zijn dood berouw voor zijn gedrag tegenover Bilbo, waarmee hij zijn nalatenschap als nobele geest bezegelt, ook al was dit een kant van zijn karakter die bij leven zelden tot uiting kwam.

GANDALF

Aan het begin van het verhaal wordt Gandalf beschreven als een oude man die beroemd is omdat hij overal waar hij komt avonturen beleeft en omdat hij geweldig vuurwerk afsteekt. Wanneer de tovenaar Bilbo aan het begin van het verhaal bezoekt, herinnert de hobbit zich het duidelijkst aan zijn vuurwerk. Gandalf is meer dan alleen een leverancier van fabelachtig vuurwerk. Ten eerste beschouwen de dwergen zijn gezag als absoluut: Hij is degene die Bilbo kiest als hun inbreker, hun de kaart en de sleutel van de geheime doorgang verschaft om de Eenzame Berg binnen te gaan, en het gezelschap adviseert over de beslissingen die ze moeten nemen en de routes die ze moeten volgen. Hij kan dit doen dankzij zijn uitgebreide ervaring, opgedaan tijdens verschillende omzwervingen en reizen, en zijn grote wijsheid (die voortdurend op de proef wordt gesteld door de onophoudelijke vragen van de rest van het gezelschap). In tegenstelling tot Thorin geeft hij echter blijk van grote nederigheid wanneer zijn vaardigheden hem in de steek laten: hij aarzelt niet om andere personages zoals Elrond, Beorn en zelfs de adelaars om hulp te vragen bij het volbrengen van zijn moeilijke zoektocht.

Hij speelt niet alleen de rol van leider, maar ook van helper, en helpt de andere personages uit de problemen dankzij zijn snelle denken en zijn magie (zo houdt hij de trollen in verwarring totdat het zonlicht hen in steen verandert, en bedenkt hij een spreuk waardoor de dwergen uit de grot van de kobolden kunnen ontsnappen). Het is dan ook geen verrassing dat het gezelschap verschillende mislukte pogingen doet om te voorkomen dat hun gids verlaat om zich met dringender bezig te houden. Gandalf keert pas aan het eind van het verhaal terug om de groep verder te helpen, wanneer hij hen waarschuwt voor de naderende kobolden en wolven.

SMAUG

Smaug is een wrede, hebzuchtige draak, en is de belangrijkste vijand waarmee Thorin en zijn gezelschap tijdens hun zoektocht te krijgen. Zoals alle draken is hij geobsedeerd door goud, en dit, gekoppeld aan zijn eigen hebzucht en wreedheid, dreef hem ertoe het dwergenrijk van de Eenzame vernietigen, zodat hij de onmetelijke rijkdommen ervan voor zichzelf kon opeisen. Na deze succesvolle aanval blijft hij in de berg om over zijn schat te waken. Vanwege zijn onwil om de berg te verlaten, verschijnt hij pas vrij laat in de roman, en de lezer krijgt alleen informatie over hem via tweedehands verhalen voorafgaand aan zijn gesprek met Bilbo.

Naast zijn vurige adem en zijn kracht is de sluwheid van de draak zonder twijfel het gevaar waarmee het gezelschap wordt geconfronteerd: de draak ontdekt hun aanwezigheid in zijn hol vrijwel onmiddellijk, maar reageert op geen enkele manier, in de hoop aan hun aandacht te ontsnappen. Wanneer de hobbit met hem komt praten, beschermd door de kracht van de ring, beantwoordt Smaug zijn vragen in de hoop de indringer te lokaliseren en hem te doden met zijn vlammen. Hij gelooft niet dat een tegenstander hem te slim af kan zijn, en het is dit buitensporige zelfvertrouwen dat hem uiteindelijk naar zijn ondergang leidt. Zijn immense trots brengt hem ertoe zijn edelstenen harnas aan de hobbit te tonen, niet beseffend dat de hobbit de zwakke plek ervan heeft opgemerkt. De lijster informeert Bard vervolgens over deze zwakke plek, waardoor de boogschutter het monster voor eens en altijd kan verslaan.

GOLLUM

Bilbo ontmoet Gollem nadat hij ontsnapt is aan de goblins. Gollem leeft alleen naast een ondergronds meer, en is gevormd door deze omgeving. Hij wordt beschreven als kort, oud, donker en slijmerig. Naast zijn weerzinwekkende uiterlijk is hij een bedrieglijk, wreed wezen dat duidelijk aan schizofrenie lijdt, en wiens oorsprong in nevelen is gehuld.

Zodra hij Bilbo ziet, droomt hij er meteen van hem op te eten. Om dat te doen, stelt hij een spelletje raadsels voor – als Bilbo wint, zal Gollem hem de weg uit de grotten wijzen, maar als Bilbo verliest, wordt hij Golms volgende maaltijd. En zo begint het dwaze spel tussen de twee personages, waarbij Bilbo uiteindelijk bewijst slimmer te zijn dan de trucs van Gollem. Dankzij de magische ring die Gollem's enige bezit was, en die Bilbo ongewild van hem stal, kan de hobbit aan zijn klauwen ontsnappen en laat hij Gollem alleen achter in zijn wanhoop. Het verlies van de ring is een absolute tragedie in Gollem's ogen, omdat hij er een ware obsessie voor heeft ontwikkeld. Hij beseft dat hij is beetgenomen en zweert eeuwige haat tegen Bilbo, wat uiteindelijk zeer reële gevolgen zal hebben in *The Lord of the Rings*.

BARD

Bard is een afstammeling van de laatste heerser van een van de door Smaug geteisterde steden. Hij wordt geleidelijk geïntroduceerd via de verteller en de inwoners van Esgaroth. Hoewel hij aanvankelijk wordt beschreven als "met een grimmige stem en een grimmig gezicht" (p. 228), wat zou kunnen duiden op een wat onaangenaam karakter, is hij de enige die beseft dat de draak op het punt staat aan te vallen en op het nippertje een verdediging organiseert. Hij is ook een van de weinigen die weigert te vluchten, en is degene die de draak weet te doden dankzij de lijster, die hem de zwakke plek van Smaug vertelt. Later is hij degene die probeert vreedzame onderhandelingen te voeren met Thorin door op te treden als woordvoerder van meerdere facties (mensen en elfen).

Zijn aanvankelijk intimiderende uiterlijk, zijn adellijke afkomst, zijn vooruitziende blik, zijn moed en vermogen om verschillende facties bij elkaar te brengen, lijken allemaal een voorbode van het karakter van Aragorn in *The Lord of the Rings*.

ANALYSE

VERHALEND OVERZICHT

Beginsituatie: dit is het begin van het verhaal, het moment om de scène neer te zetten en de personages te introduceren; de situatie is evenwichtig, wat betekent dat er geen reden is om deze te veranderen.

- Bilbo Balings is een hobbit die een vredig, comfortabel leven leidt in zijn hobbit-hol.

Ontwrichtend element: dit is een gebeurtenis die plaatsvindt, waardoor de beginsituatie en het echte verhaal op gang komt.

- De tovenaar Gandalf stuurt Bilbo op avontuur om als inbreker op te treden voor een gezelschap van 13 dwergen.

Ontwikkelingen: dit zijn de door het verstorende element veroorzaakte gebeurtenissen die de held ertoe brengen actie te ondernemen om het probleem op te lossen.

- Eerst wordt de groep gevangen genomen door trollen, en daarna door kobolden, maar ze worden telkens gered door Gandalf. Als ze echter het hol van de kobolden ontvluchten, valt Bilbo in een afgrond waar hij de magische ring van Gollem vindt en het raadselspel wint. Na te zijn gered door de adelaars, bezoeken Thorin en zijn volgelingen het huis van Beorn en gaan dan naar het bos van Mirkwood, waar de tovenaar hen vaarwel zegt. De dwergen worden aangevallen door reuzenspinnen en vervolgens gevangen gezet door de woudelven, en ontsnappen alleen dankzij Bilbo. Ze drijven de rivier af in vaten om Meerstad te bereiken en gaan dan naar de Eenzame Berg, die ze door een geheime deur betreden. Bilbo wordt vooruit gestuurd als verkenner, en steelt een gouden beker, dan de Arkensteen, voordat hij een gesprek heeft met Smaug. De draak realiseert zich dat hij is beetgenomen en valt de inwoners van Meerstad aan, maar Bard doodt hem. Hij eist compensatie van Thorin, die weigert te betalen, dus overhandigt Bilbo de Arkensteen aan Bard om de zaken glad te strijken. Zijn inspanningen hebben echter een averechts effect, en Thorin verbant hem wegens verraad. Wanneer het leger van Dain arriveert, veroorzaakt dit een gevecht, dat tot stilstand komt wanneer Gandalf hen waarschuwt dat de kobolden en wolven op hen afkomen. Als ze dit horen, verenigen de voormalige vijanden zich in de Slag der Vijf Legers, waarbij Thorin wordt gedood.

Resultaat: dit maakt een einde aan de ontwikkelingen en leidt tot de conclusie.

- Thorin wordt gedood, maar de strijd is gewonnen en elk personage wordt beloond.

Conclusie: dit is het einde van het verhaal. De situatie is weer stabiel, zoals de beginsituatie, maar er zijn enkele veranderingen.

- Bilbo keert eindelijk terug zijn vredige leven.

EEN SPROOKJE

De Hobbit is een verhaal dat oorspronkelijk voor kinderen is geschreven. Gezien deze doelgroep en de elementen die in het verhaal wilde opnemen, was het schrijven ervan als een sprookje de natuurlijke keuze. Verhalen worden gekenmerkt door:

- denkbeeldige en vaak fantastische gebeurtenissen;

- hun dubbele functie van vermaak en het overbrengen van een morele boodschap;

- door mondelinge overlevering doorgegeven lang voordat ze op papier werden gezet.

Elk van deze kenmerken komt terug in de plot van *De Hobbit*:

- De roman is verzadigd met fantastische elementen ("fantastisch" betekent in deze context bovennatuurlijke elementen zonder rationele verklaring), zowel wat betreft de beesten (kobolden, woeste wolven, trollen, enz.) en de personages zelf (de magische krachten van Gandalf, het vermogen van Beorn om in een beer te veranderen, de angstaanjagende Gollem of zelfs de denkbeeldige rassen zoals de dwergen en de elfen), maar ook voorwerpen (de blauwe gloed van Sting bij gevaar, de onzichtbaarheid van de ring, de Arkensteen, enz.) en zelfs de gebeurtenissen zelf (de aanval van de steenreuzen, de antropomorfe dieren in het huis van Beorn).

- Alle avonturen van de personages worden verteld op een lichte, humoristische toon, om een plezierige leeservaring te creëren. Daarom bevat de auteur door het hele boek heen veel humor door middel van overdrijving (Gandalfs enorme ontbijt bij Beorn thuis), plagerijen (de dwergen dreigen voor de grap Bilbo's servies kapot te maken), of verrassing (Bilbo wordt aangevallen door een reuzenspin terwijl hij midden in zijn gedachten over zijn huis zit). Hoewel verschillende scènes doorspekt zijn met zowel spanning als humor, neemt Tolkien ook een meer plechtige toon aan wanneer dat nodig is (bijvoorbeeld tijdens de Slag om de Vijf Legers of de dood van Thorin), misschien omdat hij wil laten zien dat het geweld van de werkelijkheid gemakkelijk op de loer kan liggen vlak onder het oppervlak van een bedrieglijk onschuldig verhaal. Deze benadering versterkt de moraal van het verhaal: dat schijn bedriegt. In feite worden de vooroordelen van de lezer over Bilbo, Gandalf en Thorin in de loop van het verhaal allemaal op hun kop gezet.

- Hoewel het verhaal waarschijnlijk een paar keer hardop is verteld voordat het werd opgeschreven, komt de mondelinge dimensie ervan het meest tot uiting in de tekst zelf. Dit is te danken aan de vertelstijl van de auteur – naast frequente tussenkomsten in de eerste persoon gebruikt hij een stijl waardoor het lijkt alsof het verhaal hardop wordt verteld aan een publiek van jonge kinderen. Hij geeft ook vaak commentaar op de handelingen van de personages, legt uit welke conclusies kunnen worden getrokken uit bepaalde gebeurtenissen, geeft de personages bepaalde kenmerken waarnaar hij vervolgens herhaaldelijk verwijst, en gebruikt herhaaldelijk onomatopeeën om het geluid van een voorwerp of gebeurtenis na te bootsen (bijvoorbeeld "plons" wanneer Bilbo in het water valt, blz. 67).

HET THEMA REIZEN

Reizen is een alomtegenwoordig, tweeledig thema in *De Hobbit*. Natuurlijk neemt Tolkien, of in ieder geval de verteller, zowel Bilbo als de lezer op reis in de traditionele zin van het woord. Naar deze reis wordt meestal verwezen in het verhaal zelf door middel van lange, specifieke beschrijvingen van de plaatsen die de personages bezoeken. Bovendien komt elk nieuw hoofdstuk overeen met een nieuwe fase in de reis van de personages. Tot slot draagt ook het meest vernieuwende aspect van het boek bij aan dit thema: het bevat door Tolkien zelf getekende kaarten, waarmee de lezer de route van de personages op hun zoektocht kan volgen.

Maar er is ook een meer symbolische, psychologische reis. Dit geldt het duidelijkst voor de gelijknamige hobbit – Bilbo is een huismus die in een avontuur is geworpen waar hij geen echt belang bij heeft, en die vaak kan worden horen klagen: "Ik wou dat ik thuis was in mijn mooie hol bij het vuur, met de ketel die net begint te zingen!". (p. 30). Deze zin, gekoppeld aan het commentaar van de verteller ("Het was niet de laatste keer dat hij dat wenste!" p. 30), wordt een leidmotief dat in de hele roman regelmatig terugkeert, en vormt als zodanig een aanzienlijke bron van komische opluchting. Dit personage, dat bijna volledig wordt overschaduwd door zijn reisgenoten, wint echter aan zelfvertrouwen en aanzien nadat hij zijn eerste inbraak pleegt door de ring van Gollem te stelen. Met behulp van dit kostbare voorwerp redt hij zijn reisgenoten meermaals van gevaar en het duurt niet lang voordat zij hem volledig beginnen te vertrouwen. Hij is echter niet de enige die zich psychologisch ontwikkelt en de uitdaging aangaat om een held te worden: Bard ondergaat een soortgelijke reis. Aanvankelijk staat hij in laag aanzien bij de andere inwoners van Esgaroth, maar hij maakt zijn erfenis waar door de verdediging van de stad te organiseren wanneer de draak nadert en het beest te doden. Vanaf dat moment beschouwt de rest van de stad hem als een held, hoewel ze nooit dol waren op zijn pessimisme: "'We zullen koning Bard hebben!' riepen de mensen in de buurt als antwoord" (p. 230). Zoals Gandalf Bilbo's lof bezingt bij de dwergen ("Meneer Balings heeft meer in zich dan je denkt", p. 88), adviseert de oude raaf de dwergen Bard te vertrouwen: "vertrouw […] hem die de draak met zijn boog neerschoot. Bard is hij, van het ras van Dale, van de lijn van Girion; hij is een grimmig man maar waarachtig" (blz. 236).

MYTHOLOGISCHE INVLOEDEN

In *The Silmarillion*, *The Hobbit* en *The Lord of the Rings* creëerde Tolkien een heel uitgebreid universum met een eigen mythologie en zelfs eigen talen. Er verschijnen echter ook enkele verwijzingen naar andere mythologieën in Tolkiens geschriften, met name in *De Hobbit*. Sommige van deze verwijzingen zijn meer verhuld dan andere, en de meest voor de hand liggende zijn afkomstig uit de Grieks-Romeinse mythologie, die ook de mythologische traditie is waarmee lezers over het algemeen het meest vertrouwd zijn. De rol van Gollem in het verhaal doet bijvoorbeeld denken aan de Sfinx, een monster uit de Griekse mythologie dat de weg van de held blokkeert en weigert hem door te laten tenzij hij de raadsels van het wezen correct beantwoordt.

Gollem is echter niet alleen een heruitvoering van de Sfinx. Hij lijkt ook bepaalde trekken te delen met Grendel, een van de monsters uit *Beowulf* (700-1000 v. Chr.), een Angelsaksische legende waar Tolkien een expert in was. Behalve dat ze dezelfde voorletter delen (zoals Bilbo en Beowulf), leven ze allebei in een ongezonde omgeving: Grendel leefde in moerassen, terwijl Gollem naast een ondergronds meer leeft. De draak, die een ondergrondse schat bewaakt, kan ook geïnspireerd zijn door dit epische gedicht, waarin een draak voorkomt wiens "opgekropte woede over het verlies van het schip hem deed verlangen om terug te slaan en in vlammen uit te slaan" (ll. 2304-2306). Verder geven beide helden hun zwaarden een naam: Dat van Bilbo heet "Sting", terwijl dat van Beowulf "Hrunting" heet. Ten slotte is de verteller van het gedicht ook sterk aanwezig en gebruikt hij het persoonlijk voornaamwoord "ik" om zich uit te drukken, zoals Tolkien dat ook doet in zijn eigen verhaal.

Al deze elementen vormen samen een boeiend verhaal dat de lezer vanaf het begin in het verhaal onderdompelt. *De Hobbit* is zeer positief ontvangen, zowel in het Verenigd Koninkrijk als in de Verenigde Staten. Wat ooit een eenvoudig kinderverhaal was, is tegenwoordig een mijlpaal in de populaire cultuur geworden, en de roman werd in 2012 zelfs bewerkt tot een filmtrilogie door Peter Jackson.

VERDERE REFLECTIE

ENKELE VRAGEN OM OVER NA TE DENKEN...

- Kijk nog eens naar de stijl waarin de liederen in het boek zijn geschreven. Hoe zijn ze representatief voor elk ras (elfen, dwergen, mensen)?

- Hoe beeldt Tolkien de tijd uit?

- Wat is volgens u het narratieve doel van het personifiëren van objecten?

- Bespreek en becommentarieer deze uitspraak van de verteller: "Nu is het een vreemde zaak, maar dingen die goed zijn om te hebben en dagen die goed zijn om door te brengen, zijn snel verteld, en niet veel om naar te luisteren; terwijl dingen die ongemakkelijk, hartkloppend en zelfs gruwelijk zijn, een goed verhaal kunnen maken, en toch veel vertellen vergen" (p. 48).

- In welk opzicht is de roman een goede illustratie van het populaire gezegde "Twee handen zijn beter dan één"?

- Noem enkele komische elementen van het verhaal.

- Ken je andere boeken waarin de verteller zich rechtstreeks tot de lezer richt? Welk effect heeft dit op de lezer?

- Welke elementen van *The Hobbit zijn* volgens u een voorbode van *The Lord of the Rings*?

- Bespreek en becommentarieer dit citaat van C.S. Lewis, de auteur van *The Chronicles of Narnia*, in een anonieme recensie zei: *"De Hobbit* […] zal grappiger zijn voor zijn jongste lezers, en pas jaren later, bij een tiende of een twintigste lezing, zullen ze zich beginnen te realiseren welke vakkundigheid en diepgaande reflectie eraan te pas zijn gekomen om alles erin zo rijp, zo vriendelijk en op zijn eigen manier zo waar te maken. Voorspellen is gevaarlijk: maar *De Hobbit zou* wel eens een klassieker kunnen worden."

- Fantasy is een populair genre onder tieners, net als sciencefiction. Waarom is dit, volgens u?

VERDER LEZEN

REFERENTIE-UITGAVE

Tolkien, J. R. R. (2011) *De Hobbit*. Londen: HarperCollins.

REFERENTIESTUDIES

Drout, M. D. C. ed. (2006) *J.R.R. Tolkien Encyclopedia: Wetenschap en kritische beoordeling*. New York: Routledge.

Tolkien, C. en Tolkien, J. R. R. (2014) *Beowulf: Een vertaling en commentaar*. Londen: HarperCollins.

AANPASSINGEN

The Hobbit: An Unexpected Journey; *The Hobbit: The Desolation of Smaug*; *The Hobbit: The Battle of the Five Armies*. (2012-2014) [Filmtrilogie]. Peter Jackson. Dir. Nieuw-Zeeland/USA: WingNut Films, New Line Cinema, Metro-Goldwyn-Mayer, Warner Bros. Pictures.

The Hobbit. (1977) [TV film]. Arthur Rankin, Jr. en Jules Bass. Dir. USA/Japan: ABC Video Enterprises, Topcraft, Rankin/Bass, Warner Bros. Television Distribution.

*We horen graag van jou! Laat
een reactie achter op jouw online bibliotheek
en deel je favoriete boeken op social media!*

De uitgever garandeert de betrouwbaarheid van de gepubliceerde informatie, die echter niet onder zijn verantwoordelijkheid valt.

www.50minutes.com

Master ISBN: 9782808688352
Papier ISBN: 9782808699754
Wettelijk depot: D/2023/12603/1255

Omslag: © Primento

Digitaal ontwerp: Primento, de digitale partner van uitgevers.